PAUVRE JACQUES,

COMÉDIE

EN TROIS ACTES ET EN PROSE,

MÊLÉE DE VAUDEVILLES;

Par MM. SEWRIN et CHAZET;

Représentée, pour la première fois, à Paris, sur le théâtre du Vaudeville, le 31 octobre 1807.

---

*Pauvre Jacques, quand j'étais près de toi,
Je ne sentais pas ma misère!*

Acte III, Scène VI.

PRIX : 1 fr. 50 c. (30 sous.)

A PARIS,

Chez Madame CAVANAGH, Libraire du Théâtre des Variétés, Passage du Panorama, N°. 5, près du Boulevard.

1807.

PERSONNAGES.	ACTEURS.
Le Comte de WALSTEIN, riche seigneur d'une jolie terre en Allemagne.	M. Vertpré.
DOURMANN, son intendant.	M. Chapelle.
RICHARD GOTH, paysan suisse.	M. St Léger.
GERTRUDE, sa femme.	Mad. Duchaume.
EMMELINE, leur fille.	Mad. Heavey.
JACQUES FRIBOURG, pâtre des montagnes de la Suisse.	M. Henri.
CYRILLE, filleul de Dourmann.	M. Fichet.
Le Bailli.	
Gardes-chasses et Domestiques du Comte.	
Villageois et Villageoises, allemands.	

La Scène se passe dans la terre du Comte.

Le Théâtre représente, au premier acte, du côté gauche, une chaumière dans le genre suisse. Tout le fond et le côté droit sont cernés par un mur élevé qui fait de la Scène une espèce d'enclos. Derrière le mur s'élèvent de grands arbres, des peupliers, des pins, etc. Près de la chaumière, le long du mur qui la sépare du fond, est un petit parterre, couvert de fleurs et d'arbustes, avec quelques instrumens aratoires, dans les formes de ceux qu'on emploie en Suisse.

COUPLET D'ANNONCE.

Air du vaudeville de l'Avare.

Du pauvre Jacque la romance
Est en vogue depuis long-temps,
Et l'on répète encor en France
Ces accens chéris des amans,
Pauvre Jacque, en votre présence,
Ici, va paraître ce soir ;
Messieurs, daignez le recevoir
Comme une ancienne connaissance.

PAUVRE JACQUES.

ACTE PREMIER.
SCENE PREMIERE.

DOURMANN, *ayant à sa main plusieurs papiers sur lesquels des plans sont dessinés;* CYRILLE *porte un rateau.*

DOURMANN.

Te plaira-t-il une fois d'obéir sans murmurer?

CYRILLE.

J'obéis toujours, je ne murmure jamais; c'est vous, mon parrain qui grondez à tort et à travers.

DOURMANN.

Oui, je gronde, parce que tu es un jaloux, un envieux.

CYRILLE.

Je ne suis pas le seul qui sois envieux. Croyez-vous que tous les gens de Monseigneur voient avec plaisir le bien qu'il fait à ces.... maudits paysans?

DOURMANN.

Maudits paysans! traiter ainsi une honnête famille! ce brave Richard qui a sauvé la vie à Monseigneur!

CYRILLE.

Eh bien, ne pouvait-il pas le récompenser et le laisser dans ses montagnes de la Suisse, sans l'amener ici avec toute sa famille?

Air *du bouffe.*

Un vieux proverbe d'ma nourrice
Disait : Point d'argent, point de suisse;
Mais chez nous on en amèn'tant,
Qu'not'profit à rien se voit réduire :
Et qu'ma foi je pouvons ben dire,
Qu'j'avons pus de suiss' que d'argent.

DOURMANN.

Si Monseigneur vous entendait, vous seriez chassé, M. mon filleul.

CYRILLE.

Mais, mon parrain....

DOURMANN.

Mon parrain, mon parrain.... travaille et point de réflexion.

CYRILLE.

Air : *C'est Zéphir plus léger encor.*

Qu'ai-je besoin de cet avis ?
Vous savez qu'je n'réfléchis guère.
DOURMANN.
Oui, qu'aux sottises que tu dis.
CYRILLE.
Eh bien, ça vaut mieux que d'en faire.
DOURMANN.
Encor !
CYRILLE.
Toujours me rudoyer,
Vraiment ce reproche me touche.
DOURMANN.
Je te défends de m'ennuyer.
CYRILLE.
Pourquoi donc me fermer la bouche ?

DOURMANN.

Il faut savoir se taire, quand on parle mal..... que je t'entende ! A-t-on arrangé l'intérieur de cette chaumière comme je l'avais commandé ?.... (*Cyrille ne répond pas.*) A-t-on retenu des ouvriers pour faire abattre demain ce grand mur ?.. (*Cyrille ne répond pas. Il va le prendre par l'oreille et l'amène sur le devant de la scène.*) Me répondrez-vous, M. l'impertinent ?

CYRILLE.

Aye, aye, aye, mais mon parrain, vous m'avez défendu de parler.

DOURMANN *le reprenant par l'oreille.*

Ah ! je te défends de parler !...

CYRILLE.

Aye, aye, aye.

DOURMANN *le lâchant.*

Parleras-tu maintenant ?

SCÈNE II.
LES MÊMES, LE COMTE DE WALSTEIN.

LE COMTE.

Dourmann !

DOURMANN.

Ah ! pardon, M. le comte.

LE COMTE.

Point de vivacités.

DOURMANN.

C'est mon filleul pour qui j'ai mille bontés...

CYRILLE *portant la main à son oreille.*

Mille bontés !

LE COMTE.

Parlons de nos projets.

(*Cyrille, à trois pas derrière le comte, se tient appuyé sur son râteau, et écoute.*)

Je viens de visiter tous les nouveaux embellissemens de mon parc.... Je suis content.

DOURMANN.

Tout a été fidèlement exécuté d'après les plans que vous avez dessinés vous-même à votre dernier voyage en Suisse. Il manquait auprès de la chaumière de Richard un parterre de fleurs, tel que sa fille en cultivait ; j'ai réparé cet oubli.

CYRILLE.

C'est moi, Monseigneur, qui ai planté les fleurs.

DOURMANN *le faisant taire.*

C'est bon. (*au comte.*) Les meubles que Richard avait vendus en quittant ses montagnes, ont été rapportés avec soin et replacés dans sa cabane.

CYRILLE *à part.*

Ils sont jolis les meubles ! une vieille table....... une vieille armoire... un vieux fauteuil...

LE COMTE.

Ce n'est pas tout.... Richard et sa femme reviendront ce soir de la ville où je leur ai conseillé de passer quelques jours pour distraire la jeune Emmeline leur fille. Je veux que demain à leur réveil, cette longue muraille abattue leur laisse apercevoir de nouveaux sites, le pont rustique, la petite cabane telle qu'elle était située vis-à-vis la leur, enfin qu'ils se croient absolument chez eux, et qu'ils renoncent au désir de retourner dans leur patrie.

Air: *du partage de la richesse.*

Oui, je veux qu'ils puissent se croire
Aux lieux qui virent leur bonheur.
Je veux, en flattant leur mémoire,
Parvenir à tromper leur cœur.
Le souvenir, présent céleste!
Nous rend le bien qu'on a perdu;
Et c'est le doux parfum qui reste,
Lorsque la fleur a disparu.

DOURMANN.

La reconnaissance au moins les forcera à ne plus se séparer de vous.

LE COMTE.

La reconnaissance! n'est-ce pas moi qui leur en dois? Puis-je jamais oublier ce jour où, visitant les glaciers, je m'éloignai imprudemment de mes guides, et je tombai dans un précipice?... Ma mort était certaine.

Air: *Romance de Ténières.*

Soudain Richard, malgré son âge
M'offrant un généreux secours,
Vers moi s'élance avec courage,
Me saisit et sauve mes jours.
Au bon vieillard j'offris un peu d'aisance,
Un refus eût navré mon cœur;
En acceptant les dons de l'opulence
Il fut encor le bienfaiteur.

CYRILLE *tout à coup.*

Pardienne, à ce prix là j'aurais été aussi le bienfaiteur, moi.

LE COMTE *étonné.*

Va à ton travail, mon garçon, et ne nous écoute pas davantage.

DOURMAMN.

Ah! je suis bien aise au moins que Mouscigneur te donne une bonne leçon. (*Cyrille s'en retourne honteux.*)

SCÈNE III.
LE COMTE, DOURMANN.

DOURMANN.

Vous voyez, M. le comte, que si je le gronde quelquefois...

LE COMTE.

Laissez, laissez, Dourmann. Richard et sa femme pourtant ne m'ont suivi qu'avec peine, et je doute qu'ils veulent se fixer chez moi.

DOURMANN.

Je les crois assez contens de leur sort, mais je soupçonne que la jeune Emmeline, leur fille, en quittant ses montagnes, a emporté des souvenirs...

LE COMTE.

Il n'est que trop vrai ! J'ai su qu'elle aimait en secret un jeune pâtre nommé Jacques Fribourg ; la pauvre Emmeline, en fille soumise, a suivi son père, sans oser lui avouer ses regrets, et je suis maintenant bien convaincu que cette séparation est la cause de ses chagrins.

DOURMANN.

Ce Jacques Fribourg était un brave garçon; je n'ai entendu dire que du bien de lui, par tous les habitans de la vallée.

LE COMTE.

Enfin, mon cher Dourmann, il ne me reste plus qu'un espoir : J'ai écrit à mon banquier de Lausanne ; je l'ai chargé de s'informer de Jacques Fribourg, de lui faire tenir tout l'argent dont il aurait besoin, et de le déterminer à venir en Allemagne rejoindre Emmeline et ses bons parens.

DOURMANN.

Il viendra, M. le comte, n'en doutez pas.

SCÈNE IV.
Les Mêmes, CYRILLE.

CYRILLE, *accourant, une lettre à la main.*

Monseigneur... monseigneur...

DOURMANN.

Ne t'a-t-on pas défendu...

CYRILLE.

Ce n'est pas moi ; c'est une lettre qui arrive à l'instant par le courier de Genève.

LE COMTE.

Une lettre ! (*Il la prend et regarde le timbre.*) Lausanne ! c'est la réponse de mon banquier. (*Il la décachète.*)

DOURMANN, *voyant que Cyrille reste auprès du comte, le prend par le bras, et l'entraîne dehors.*

Air : *Cet arbre apporté de Provence.*

Sors vite...

CYRILLE.

Il faut qu'on me l'ordonne.

DOURMANN.

Retire toi sans dire un mot ;
Va, quelque peine qu'on se donne,
Tu ne seras jamais qu'un sot.

CYRILLE.

Un sot ! je m'en vas, mais j'enrage !
Car un bon parrain, pour raison,
Devrait ménager davantage
Un filleul qui porte son nom.

(*Il sort.*)

SCENE V.

LE COMTE, DOURMANN.

LE COMTE, *lisant.*

« Je vous annonce avec peine que le nommé
» Jacques Fribourg, auquel vous vous intéressez,
» a quitté, il y a plus de deux mois, la vallée de
» Griswald, et depuis ce temps on n'a plus en-
» tendu parler de lui : il a vendu sa petite ha-
» bitation, et le troupeau qu'il possédait ; ce qui
» fait croire qu'il n'a pas intention de revenir en
» Suisse. On pense qu'il a suivi les émigrations
» qui se font chaque année dans les montagnes,
» et qu'il est allé chercher fortune dans les colo-
» nies, ou dans les nouvelles provinces de

» l'Ukraine. » (*Avec tristesse.*) Dourmann, il faut renoncer à nos projets.

LE DOURMANN.

Pourquoi donc, monseigneur? cette nouvelle est faite pour décider ces bonnes gens à rester ici.

LE COMTE.

Et si c'est en effet ce Jacques Fribourg dont le souvenir occupe Emmeline, comment sans craindre pour sa raison, lui apprendre qu'il a disparu?

DOURMANN.

Eh! qu'ira-t-elle chercher en Suisse, n'y pouvant plus retrouver celui qu'elle aimait? il faut d'abord vous assurer...

SCENE VI.

Les mêmes, RICHARD, GERTRUDE.

GERTRUDE (*dans le fond à Richard; elle parle avec chaleur et paraît animée comme à la suite d'une discussion.*)

Ta, ta, ta, ta..... si tu ne veux pas parler, j'parlerai, moi, et tu verras que je lui ferons entendre raison.

LE COMTE.

Qu'entends-je?

DOURMANN.

C'est Richard et sa femme.

LE COMTE.

Déjà de retour?

GERTRUDE *s'avançant intrépidement.*

Oui, Monseigneur, (*grande révérence.*) déjà de retour?

RICHARD *à Gertrude.*

Not'femme, tu l'affligeras.

GERTRUDE.

Eh! y a-t-il considération qui tienne, quand il s'agit de ma pauvre Emmeline?..... J'allons dire tout ce que j'avons sur le cœur, d'abord.

LE COMTE *au milieu d'eux.*

Mes bons, mes chers amis, votre absence ne m'a pas empêché de penser à vous.

RICHARD.
Vous êtes bien bon, Monseigneur.
GERTRUDE.
Oui assurément, vous êtes bien bon, Monseigneur; vous êtes trop bon et je venons tout exprès vous remercier de vos bontés.
LE COMTE.
Mais Emmeline... Je ne la vois point.
RICHARD.
Elle vient de rentrer.
LE COMTE.
Eh bien, sa santé?
RICHARD *tristement.*
Toujours la même.
LE COMTE.
Eh quoi, le séjour que vous venez de faire à la ville n'a pu la distraire, la...
GERTRUDE.
Non, Monseigneur... Il faut trancher le mot et l'dire tout net...(*Richard la tire par le jupon pour l'empêcher de parler, mais elle le repousse et continue toujours.*)

Air : *de Marianne.*
C'est dans nos montagnes chéries
Qu'ell' retrouvera la santé ;
L'aspect riant de nos prairies
Peut seul lui rendre la gaité.
　　A vot'chatiau
　　Si grand, si beau,
　　A votre ville,
Ell'préfère not'asile.

(*Même jeu que ci-dessus.*)
　　V'là tout l'argent
　　Dont vainement
Pour la parer vous nous fites présent.
De nos cantons un'seul'fleurette
Plus que vot'or comble ses vœux ;
L'bonheur qu'on a pour rien vaut mieux
　　Que l'plaisir qui s'achète.
RICHARD *la poussant.*
Not'femme, not'femme, qu'est-ce que tu dis?
GERTRUDE.
Eh, pardienne, Monseigneur sait bian que j'n'y

faisons pas d'façon ; j'parlons comme la parole nous viant, avec franchise. Oui, monseigneur, j'avons fait eune sottise, ça été d'venir avec vous dans c't'Allemagne où, sauf vot' respect, il n'y a que de l'ennui et du chagrin pour ma pauvre Emmeline. (*à Richard.*) Vois-tu que j'ai parlé? Ferme, not' homme! v'là l'premier pas d'fait, n'faut plus démarrer de là, et je partirons... drès demain.

LE COMTE, *à part, à Dourmann.*
Dourmann, allez au château.

DOURMANN.
J'attendais vos ordres.

LE COMTE, *à part.*
Je veux les entretenir en particulier, et d'après leur réponse, prendre un parti décisif.

GERTRUDE.
Adieu, M. Dourmann, je partirons, ça c'est sûr, mais je n'oublirons jamais les soins que vous avez eus d'nous. Adieu, M. Dourmann.

SCÈNE VII.
Les Mêmes, excepté DOURMANN.

LE COMTE.
Mes chers amis !... bonne Gertrude ! vous avez pris une résolution qui m'affligera sans doute, mais que j'approuverai si elle doit... si elle peut contribuer à votre bonheur. Voyons pourtant, réfléchissons.

GERTRUDE.
Monseigneur, vous nous offririez tous vos trésors...

RICHARD.
Laisse achever monseigneur.

GERTRUDE.
J'écoute.

LE COMTE.
C'est le sort d'Emmeline qui vous inquiette?

GERTRUDE.
Pas aut'chose, monseigneur, pas aut'chose! j'sommes désolés.

Air : *J'n'avions pas encor quatorze ans.*
Pour sa raison, moi j'crains souvent.
RICHARD.
En mêm' tems elle chante et pleure...
GERTRUDE.
Elle est rêveuse, et dans l'instant
La v'là qui prend un air content.
RICHARD.
Tantôt n'quittant pas not' demeure,
Elle m'embrasse tendrement.
GERTRUDE.
Tantôt m'fuyant d'un air farouche,
Elle n'veut pas ouvrir la bouche...
Ah! monseigneur, c'est ben cruel !
Car enfin je sommes sa mère,
Et d'vant moi quand j'la vois se taire,
Moi je dis (*bis*) c'n'est pas naturel,
Non vraiment (*bis*) c'n'est pas naturel !
LE COMTE.
Mais avez-vous cherché à sonder son cœur, à savoir ?...
GERTRUDE.
Quand elle était cheux nous... c'était la gaité même.
RICHARD.
Je n'lui causions point d'chagrin ; elle n'en prenait jamais ; le travail, la peine, rien n'lui coûtait...
GERTRUDE.
Enfin, monseigneur, j'étions plus heureux.
LE COMTE.
Mais lorsqu'elle était à Griswald, pardonnez mes questions, c'est un ami qui partage toutes vos sollicitudes... Ne vous êtes-vous jamais aperçus qu'elle ait eu quelque inclination, quelque tendre penchant....?
GERTRUDE, *vivement.*
Jamais, monseigneur.
RICHARD.
Elle nous l'aurait confié.
LE COMTE.
Prenez garde... Retenue peut-être par la sévérité de vos mœurs...
RICHARD.
Monseigneur, Emmeline était si sage, que tout le monde la citait pour exemple.

LE COMTE.
Air : *Quand l'Amour naquit à Cythère.*
Le cœur, sans cesser d'être sage,
Peut cesser d'être indifférent;
On n'est jamais sourd au langage
Que nous dicte le sentiment.
Indulgent pour notre faiblesse,
Dieu, dans ses calculs bienfaisans,
A fait l'amour pour la jeunesse,
Comme les fleurs pour le printems.

GERTRUDE *se frappant tout à coup le front, comme d'une idée qui lui vient.*

L'amour... attendez donc... un trait de lumière qui me frappe... Richard...

RICHARD.

Gertrude...

GERTRUDE.

Qui est-ce qui avait sa cabane de l'aut' côté du ravin, presqu'en face de la nôtre, en bas du chemin de...

RICHARD.

C'était ce jeune pâtre qui a perdu son père il y a environ deux ans. Eh ! tu sais bien, Jacques Fribourg.

GERTRUDE.

Qui est-ce qui amenait souvent son troupeau dans c'te prairie, voisine d'la nôtre ?

RICHARD.

Jacques Fribourg.

GERTRUDE.

Qui est-ce qui chantait tous les soirs, au pied du grand hêtre, la chanson de Roland ?

RICHARD.

A Roncevaux,
Dans les clairs vaux...

GERTRUDE.

Jacques Fribourg ! c'est Jacques qui invitait toujours Emmeline à la danse ; c'est Jacques qui nous envoyait des fruits de son p'tit jardin, du gibier de sa chasse. Vous avez raison, monseigneur, vous avez raison; il y a de l'amour sous jeu, et c'est Jacques qu'ma fille aime ! Et moi... moi... qui suis si pénétrante ! si clairvoyante ! si... j'nous étions pas tant seulement doutée d'ça. Ah! mon dieu ! mon dieu ! la pauvre enfant ! la pauvre enfant ! Elle n'en a rien dit, c'est tout simple ; elle a cru que nous allions être heureux chez vous, monseigneur. Elle nous a suivis sans se plaindre. J'vons ben vite la r'trouver, la consoler, lui promettre, lui jurer que...

LE COMTE.

Gertrude, modérez votre impatience; ceci n'est encore qu'une simple conjecture. S'il est vrai qu'elle soit éprise de Jacques, et qu'elle vous en ait fait un mystère, respectez ses motifs, ne dites rien.

GERTRUDE.

Ne rien dire ! et à quoi c'est y bon ?

Air : Une fille est un oiseau.

Quand Richard me fit la cour,
Croyez-vous qu'j'ai pu m'en taire ?
Non, à mon père, à ma mère,
J'en parlais tout l' long du jour.
Ils en parlèr'au notaire,
Au compère, à la commère..
Aujourd'hui plus d'un mystère
En parlant peut se dévoiler ;
En amour comme en affaire
C'est en parlant qu'on s'éclaire,
Ainsi laissez-moi parler.

RICHARD.

Tu n'as pas besoin de permission.

LE COMTE.

Ecoutez-moi, mes amis, puisqu'Emmeline a tant fait que de se sacrifier pour vous, elle ne nous avouera jamais la vérité, mais...

RICHARD, *regardant sur le côté gauche.*

Monseigneur, la voilà qui revient par ici.

LE COMTE.

De la discrétion encore, je vous en prie.

En ce moment Emmeline sort de la chaumière avec l'air de l'étonnement et de la joie. Eloignons-nous un peu, et ne gênons point ses pensées.

(Ils se retirent tous les trois vers le côté droit, et suivent avec attention tous les mouvemens d'Emmeline.

SCÈNE VIII.

LE COMTE, RICHARD, GERTRUDE *sur le devant du côté droit*, EMMELINE *sur le seuil de la chaumière.*

EMMELINE *promenant ses regards de tous côtés.*

Air de la belle Marie.

O ciel! par quel prodige!...
Par quels enchantemens?
Est-ce un rêve... un prestige..
Qui trompe ainsi mes sens?
Oui, je crois vous revoir encore,
Vallon chéri, simple hameau,
Et ce torrent où dès l'aurore
Je désaltérais mon troupeau!

ENSEMBLE.

LE COMTE, à part.	EMMELINE.	RICH. et GERTRUDE.
Conservons le prestige	O ciel! est-ce un prodige?	O ciel! fais ce prodige;
Qui trompe ainsi son cœur;	Il semble qu'à mon cœur,	Rends du moins à son cœur
Heureux, si ce prodige	Ce moment de prestige	Par quelque doux prestige
Lui rendait le bonheur.	Ait rendu le bonheur.	Le calme et le bonheur.

EMMELINE, *après un moment d'incertitude et de silence, aperçoit Richard; elle court à lui, le prend par une main, et l'entraîne vers la chaumière.*

Mon père...

Air de M. Doche.

Notre chaumière
Est en ces lieux, vous la verrez.
Venez... venez aussi, ma mère,
Entrez, et vous retrouverez
Notre chaumière.

(*Elle oblige son père et sa mère d'y entrer; ils se prêtent à son dessein, et y entrent.*)

SCÈNE IX.

LE COMTE *sur le devant, à droite,* EMMELINE *restée seule près de la porte, et parcourant des yeux tout ce qui est autour d'elle.*

EMMELINE *apercevant le jardin.*

Ces fleurs!... ces arbrisseaux!... de la pervenche!.. (*Elle en cueille plusieurs branches, et revient avec joie sur le devant de la scène, en se composant un bouquet.*) Fleur chérie! c'est toi, c'est toi que je portais sur mon cœur... tu étais mon seul ornement... mais qui peut avoir?... Oh! je sais... oui...

oui... je sais... (*Elle sourit à l'idée qu'elle a, puis elle reprend des fleurs qu'elle avait mises devant elle, et les baise plusieurs fois. Pendant ce temps Richard et Gertrude sortent de la chaumière avec joie et émotion.*)

SCÈNE X.

EMMELINE, *sur le devant à gauche*, LE COMTE, *à droite*, RICHARD et GERTRUDE, *dans le fond.*

RICHARD.

Tant de prévoyance !... Pardonnez, monseigneur, l'émotion m'empêche. (*Le comte, attentif aux mouvemens d'Emmeline, fait signe à Richard de se taire.*)

EMMELINE, *qui a eu un instant de rêverie, entendant la voix de son père, se retourne tout à coup, et va se placer entre lui et le comte.*

(*Gaîment.*) Ah ! c'est lui ! je l'entends !... Bonjour, mon père, d'où venez-vous comme ça ? Bon dieu ! qu'vous avez l'air fatigué !... (*elle lui essuie le front avec son tablier.*) Voulez-vous que j'aille chercher votre grand fauteuil ?... il est là... (*changeant de ton.*) mon père, vous ne m'aviez pas dit que nous revenions à Griswald ?

Air : *Que m'importe ma liberté.*

Vous avez surpris des regrets,
Que j'ai trop mal cachés peut-être ?
Vous avez vu que je pleurais
Le pays qui m'avait vu naître.
Revenus dans ce beau séjour,
Restons-y, je vous en supplie,
Songez qu'une absence d'un jour
Pourrait troubler toute ma vie.

GERTRUDE.

Elle me désole.

EMMELINE, *sautant de joie.*

Ah ! que je suis donc contente !... j'ai retrouvé tout, tout comme ça était... rien n'a été dérangé... et mon jardin... voyez-vous ?... mes fleurs... ah ! ma mère, prenez, (*elle lui donne la moitié des fleurs qu'elle a à la main.*) prenez, il y en a d'autres; oh ! oui, beaucoup d'autres ! et pour vous aussi, mon père! (*avec âme.*) Tous les matins je pourrons encore vous offrir un bouquet. Que je suis heureuse! que je suis heureuse! (*elle l'embrasse.*)

RICHARD, *la pressant dans ses bras.*

Tu ne regrettes donc plus rien?

EMMELINE, *devenant tout à coup un peu mélancoliq.*

Oh! non, je... je ne regrette rien. (*vivement.*) je suis avec toi, avec vous!. (*elle place sur son cœur la main de Richard et de Gertrude.*) que pourrait-il me manquer?

GERTRUDE.

Tu nous aimes toujours?

EMMELINE.

Si je vous aime!... (*Ici elle aperçoit le comte.*) mon père! mon père! v'là un monsieur qui vient cheux nous ; c'est p't'être queuque voyageur qui veut aller aux Glaciers. (*elle s'avance vers le comte.*) Vot' servante, monsieur.

LE COMTE, *à part.*

Prêtons nous à ses idées.

RICHARD, *bas à Gertrude.*

Elle ne reconnaît pas monseigneur.

EMMELINE.

Vous cherchez quelqu'un, monsieur?

LE COMTE.

Oui, mon aimable enfant, je demandais...

EMMELINE.

Un guide...? v'là Richard Goth, mon père; un brave homme au moins!

LE COMTE, *souriant.*

On peut se fier à lui, n'est-ce pas?

EMMELINE.

Ça c'est vrai... Dernièrement il a sauvé la vie à un monsieur qui a manqué de périr dans les Glaciers... Et puis v'là que ce monsieur, qui était ben riche, a voulu faire sa fortune ; et puis v'là qu'il nous a emmenés tous dans ses terres, là bas; bien loin! bien loin! en Allemagne! et puis v'là que... et puis... (*étonnée de la confusion de ses idées, elle s'arrête tout à coup, paraît honteuse, et dit à Richard:*)

Mon père, racontez... racontez... un nuage... un voile... (*elle passe sa main sur ses yeux.*)

RICHARD.

Est-ce que tu ne t'apperçois pas que c'est monsieur le comte de Walstein ?

EMMELINE, *vivement frappée.*

Monsieur le comte ! (*elle s'éloigne.*)

LE COMTE.

Bonne Emmeline, rapprochez vous, et croyez...

EMMELINE, *revenant aussitôt.*

Ah ! monseigneur... Pardon. J'ai comme ça des distractions... mais j'n'ons pas eu dessein d'vous offenser... O mon dieu ! où avais-je donc l'esprit ?... (*Avec âme et beaucoup de bon sens.*) Si je vous reconnais, monseigneur !

Air *des Vélocifères.*

Ici l'on vous voit chaque jour
Exercer votre bienfaisance,
Et tous les pauvres d'alentour
Vous appellent leur Providence !
En tous lieux vous êtes aimé ;
Vous êtes plus un pèr' qu'un maître...

RICHARD.

Ah ! monseigneur, je suis charmé,
Ell' commence à vous reconnaître.

GERTRUDE, *bas au comte.*

Profitez du moment, vous qui avez pus d'esprit qu'nous, arrangez ça d'façon qu'ell' vous confie ses secrets. J'nous retirons ; elle s'ra p'têt' pus osée avec vous tout seul.

LE COMTE.

Oui, fiez vous à mes soins, à ma prudence.... et à mon amitié.

GERTRUDE.

Viens, notre homme, viens. (*Ils se retirent sans bruit et sans être aperçus.*)

SCÈNE XI.
LE COMTE, EMMELINE.

LE COMTE *prend deux chaises de jardin ; il en présente une à Emmeline, et s'asseoit sur l'autre.*

Vous devez être un peu lasse, ma chère Emmeline?

DUO.

Venez, venez vous reposer ici ?

EMMELINE.

Ah ! monseigneur.....

LE COMTE.

Point de contrainte,
Asseyez vous, parlez sans crainte,
Parlez moi comme à votre ami.

EMMELINE.

A mon ami !

LE COMTE.

A votre ami.

EMMELINE.

Ah ! monseigneur, quelle bonté touchante !
Un monsieur comme vous, n'avoir pas de fierté !

LE COMTE, *à part.*

Elle m'émeut, elle m'enchante !
(*Haut*) Non, non, pour moi la vanité
N'eût jamais d'attrait, je vous jure ;
Me rapprocher de la nature,
Voilà toute ma volupté.

EMMELINE.

Non, non, jamais la vanité
N'eut d'accès dans une ame pure ;
Se rapprocher de la nature,
Voilà, voilà sa volupté.
Ce n'est pas ainsi que pense,
Plus d'un riche sans pitié.

LE COMTE.

Aussi, près de l'opulence,
On ne trouve pas l'amitié.

EMMELINE.

L'intérêt, la flatterie,
En tous lieux suivent ses pas.

LE COMTE, *à part.*

Ce discours n'annonce pas
Une raison affaiblie.
Poursuivons. (*Haut.*) Point de contrainte,
Songez bien, songez qu'ici
Vous parlez à votre ami.
Plus de crainte,
On dit tout à son ami.

EMMELINE.

A son ami !

LE COMTE.

A son ami,

Parlez avec assurance,
Quel motif vous retiendrait?
Non, non, jamais l'innocence
Ne doit avoir de secret.

   EMMELINE, *à part.*

D'une telle confidence
Le fardeau m'accablerait ;
Il n'est point de confiance
Qui m'arrache un tel secret.

   LE COMTE.

Emmeline, croyez-vous que je sois heureux?

   EMMELINE.

Vous en faites trop pour ne pas l'être.

   LE COMTE.

Eh! bien, ce bonheur va pourtant m'échapper.

   EMMELINE.

Que dites-vous?

   LE COMTE.

Oui, vos bons parens veulent me quitter.

   EMMELINE.

Vous quitter? et pourquoi?

   LE COMTE.

Ils vous voient quelquefois triste... silencieuse... Ils craignent que vous ne vous plaisiez point dans ce pays... et renonçant pour vous au sort fortuné que je leur préparais...

   EMMELINE.

 Air de Renaud d'Ast.
 Que dites-vous? Ai-je jamais
 Ici témoigné des regrets?
 Oh! non, je suis heureuse!
(à part.) Quelle contrainte affreuse!
 (haut.) Jugez, vous-même, monseigneur,
  De ma gaîté, de mon bonheur!
affectant Voyez, voyez comme je suis joyeuse,
de la joie. Oui, bien joyeuse,
(à part)   Bien malheureuse!

  LE COMTE *épiant tous ses mouvemens.*

Je suis d'autant plus fâché du projet de vos parens, que je comptais fonder dans ma terre une petite colonie de braves habitans de la Suisse... (*Emmeline prête la plus grande attention; le comte s'en aperçoit et appuie sur son idée.*) Oui, je voulais réunir ici quelques-uns de ces bons villageois; on m'en avait désigné plusieurs et mon choix était fait. D'abord je mettais à leur tête.... un honnête garçon...... que vous connaissez peut-être?... Jacques Fribourg.

EMMELINE *avec vivacité.*

Jacques Fribourg!

LE COMTE *l'observant.*

Eh bien?

EMMELINE *reprenant beaucoup de calme.*

Oui..... monseigneur..... Je le connais..... c'était notre voisin.

LE COMTE, *poursuivant son idée.*

On le dit laborieux... plein d'industrie...

EMMELINE, *dont le cœur s'agite, mais cachant son trouble sous un calme simulé.*

C'est vrai, monseigneur. (*Tout bas à elle-même.*) Pauvre Jacques!

LE COMTE.

Courageux, sage et rempli de probité...

EMMELINE.

Oh! c'est encore bien vrai! (*bas à elle-même.*) Pauvre Jacques!
(*Elle prend son bouquet de pervenche et le baise sans qu'elle se croie apperçue.*)

LE COMTE.

Air *de Lisbeth.*
Augmentant son petit trésor
Afin d'augmenter son courage,
Je voulais unir à son sort
Fille jolie, aimable et sage;

Emmeline laisse échapper son bouquet.
Il m'eût obéi sans effort,
Car mon choix aurait su lui plaire;
Et par des soins toujours nouveaux,
Jacques du moins dans ses travaux
Aurait soulagé votre père.

(*On voit le sourire renaître sur les lèvres d'Emmeline, comme d'un espoir qui la flatte.*)

Se pourrait-il, monseigneur?... Eh bien.. apprenez... *elle est prête à se jeter aux pieds du comte et à lui faire un aveu; mais elle s'arrête, recule, se cache le visage avec ses mains, et combattue par trop de sentimens à la fois, elle s'enfuit dans le parc en s'écriant :* Non, non, jamais!

LE COMTE.

Il n'en faut plus douter, c'est lui!

SCENE XII.

LE COMTE, DOURMANN, CYRILLE *ensuite.*

DOURMANN.

M. le comte, pardon, j'étais impatient de savoir....

CYRILLE *accourant derrière Dourmann.*

Mon parrain, ne m'avez-vous pas appelé?

DOURMANN.

Oui, dépêche toi, il y a là bas, à la grille du quinconce, un homme qui crie.... qui appelle.... va voir ce qu'il veut. Dis lui de faire le tour du parc et de venir par la grande porte du château.

CYRILLE.

J'y cours, mon parrain, j'y cours. (*Il sort.*)

SCENE XIII.

Les précédens, RICHARD, GERTRUDE *sortant de leur chaumière et regardant du côté par lequel Emmeline s'est enfuie.*

RICHARD.

Nous étions inquiets, monseigneur...

GERTRUDE.

Nous avons vu Emmeline s'enfuir par là, et...

LE COMTE.

Rassurez vous, cette première entrevue a eu tout le succès que j'en attendais.

finale.

Air : *Ah! mon ami, c'est un rayon d'espoir.*
A mon esprit s'offre un rayon d'espoir;
J'ai tout appris avec adresse;
C'est l'amour qui cède au devoir,
Et lutte contre la sagesse;
Son cœur enfin, son cœur s'est dévoilé.
  Je connais sa peine secrète,
  Et ses yeux n'ont que trop parlé
  Lorsque sa bouche était muette.

ENSEMBLE.

DOURMANN.	RICHARD, GERTRUDE.
Ah! monseigneur, c'est leur unique espoir;	Ah! monseigneur, c'est notre unique espoir;
Qu'il serait doux, dans leur vieillesse,	Qu'il serait doux, dans not' vieillesse,
Qu'il serait doux pour eux de voir	Qu'il serait doux pour nous de voir
L'hymen couronner sa tendresse.	L'hymen couronner sa tendresse.

RICHARD ET GERTRUDE.
Emmeline nous est si chère !

LE COMTE *bas à Dourmann.*
Cachons cette lettre à leurs yeux.

RICHARD ET GERTRUDE.
Si c'est Fribourg qui sait lui plaire,
 Comblons leurs vœux ;
 Serrons leurs nœuds.

LE COMTE *à Dourmann.*
Où peut-il être ?
 Comment connaitre
Vers quels lieux, et dans quels climats,
Ce Fribourg a porté ses pas ?

LE COMTE ET DOURMANN *à part.*
 Soins et vitesse,
 Argent, promesse,
Employons tout pour découvrir
L'asyle qu'il a pu choisir.

Tous quatre ensemble.

RICHARD, GERTRUDE.	LE COMTE, DOURMANN.
Ah! monseigneur, c'est notre unique espoir;	Mes bons amis, conservez cet espoir;
Qu'il serait doux, pour not' vieillesse,	A leur destin je m'intéresse;
Qu'il serait doux pour nous de voir	Quand l'amour s'immole au devoir,
L'hymen couronner leur tendresse.	Il faut couronner la sagesse.

(*Ils sortent tous quatre du côté où Emmeline est sortie.*)

Fin du premier Acte.

ACTE II.
SCENE PREMIERE.
CYRILLE, *seul.*

(*Il remet en place les chaises du jardin, qui sont restées au milieu du théatre.*)

La vallée de Griswald ! c'est donc plus beau que not' parc, puisque ces gens là sont toujours à r'gretter leur pays... Et monseigneur qui a la bonté de vouloir les retenir... ma fine, s'ils ne sont pas contens, moi je les laisserais aller.... C'est vrai, depuis queuque temps, on ne s'occupe ici que d'eux.

Air : *mon père était pot.*
Pour leur retracer leur pays,
Ici de vingt manières
On a boul'versé les taillis,
Les prés et les rivières ;
On leur fait des monts,
Et puis des vallons,
Qu'imitent la nature ;
J'crois qu'dans ces cantons ;
Bientôt nous verrons
La Suisse en miniature.

Quand j'pense à ce pauvre diable qui était tout à l'heure à la grille... oh ! il faisait pitié... j'ai eu un moment d'attendrissement, j'l'avais déjà laissé entrer ; mais quand je lui ai eu dit : vot' nom ? et qu'il m'a répondu : Jacques Fribourg, des montagnes de la Suisse, ah ! j'vous l'ons joliment renvoyé ! c'est que si on laissait faire monseigneur, toutes les montagnes de la Suisse descendraient cheuz nous....... oh ! qu'nenni ! y en a ben assez comme ça, et je suis sûr que mon parrain, lui-même, dira que j'ons ben fait. D'ailleurs j'ons maintenant des projets aussi, moi ; je m'raisonne et j'dis : v'là eun' jeune fille, mam'zelle Emmeline qu'est à marier, personne ne se présente.

Air *de l'un pour l'autre.*
A lui faire c't'honneur un jour,
Je n'crois pas que monseigneur pense ;
Pour mon parrain, je crois q'l'amour
N'est déjà plus d'sa connaissance.
Moi, je som' jeun' et pas très-sot,
Si vot' désir répond au nôtre,
Emmeline, j'ai pour mon lot,
Un cœur tendre, un joli magot,
Vous aurez bientôt (*bis*) l'un et l'autre.

Il y a quelque chose d'sûr dans tout cela ! c'est que mamzelle Emmeline, quand elle me voit... ell' n'dit rien, mais elle soupire... elle me regarde queuque fois avec des yeux... je n'lui déplais pas... je... ne... lui... dé...plais pas !... eh ! morgué ! la voici. Voyez-vous... voyez-vous... elle a l'air de n'fair' semblant de rien ; mais c'est moi qu'elle cherche. Oh ! la malice des femmes... Attrapons la, et laissons la m'chercher plus long-temps. (*Il se retire dans le fond, Emmeline entre par le côté gauche.*)

SCÈNE II.
EMMELINE, CYRILLE.

EMMELINE.

(*Paraît d'abord avec l'air absorbé et silencieux, peu à peu son cœur se dilate; elle semble respirer plus librement; elle promène ses regards de différens côtés, avec une certaine joie... Elle redevient un peu mélancolique, et s'assied sur un banc de gazon.*)

Non, non... je reste... je reste...

CYRILLE, *dans le fond, à voix basse.*

Et moi aussi.

EMMELINE.

Je ne sais... depuis quelques instans... je suis mieux! beaucoup mieux!

CYRILLE.

Depuis que je suis là.

EMMELINE.

Air: *Viendras-tu pas.*

Un jour plus pur à mes yeux semble luire,
Plus aisément mon pauvre cœur soupire;
    Espoir plein d'attraits,
    Tu reviens me sourire;
    Quand tu reparais,
    Le bonheur suit de près.

CYRILLE.

Pauvre petite!

EMMELINE, *sans se détourner, et ayant les yeux fixement attachés vers la terre.*)

Ah! c'est vous... c'est toi...

CYRILLE, *à part.*

C'est toi! oh! oh!

EMMELINE, *toujours immobile.*

Votre absence... oh dieu!... elle a été bien longue ton absence!

CYRILLE, *derrière Emmeline, de manière qu'elle ne le voit pas.*

Mais non, je n'ai pas quitté le château de toute la journée.

EMMELINE, *toujours de même.*

D'où viens-tu? qu'as-tu fait? dis moi; je le veux; dis moi tout ce que tu as fait.

CYRILLE.

D'abord j'ai fait avertir le maréchal de venir reserrer la jument de monseigneur. Ensuite...

EMMELINE, *dont l'attention n'est pas détournée.*

Si j'ai pensé à toi ?... toujours ! tiens... vois-tu ce nœud de ruban.... (*Elle l'ôte de devant elle,*) c'est celui...

CYRILLE.

Celui qu'vous portez à votre chapeau.

EMMELINE.

Il ne m'a pas quitté. C'est pour toi.

CYRILLE, *le prenant.*

Merci. (*A part.*) Çà va bien ! çà va bien !

EMMELINE.

Il y avait là bas... là bas, beaucoup de monde... on dansait...

CYRILLE.

Oui, c'est aujourd'hui que le maître d'hôtel marie sa fille.

EMMELINE.

Une noce !... un mariage !... ils sont heureux !

CYRILLE, *sautant d'aise.*

Faut espérer qu'nous le serons aussi bientôt.

EMMELINE.

Si mon père sait qu'tu m'aimes ?... Non.

CYRILLE, *à part.*

C'est drôle ! elle fait les demandes et les réponses.

EMMELINE.

J'n'ons pas encore osé le lui apprendre... (*elle se lève.*) Attends, attends... J'allons tout lui dire... tout avouer. (*En s'en allant, elle est tournée de manière qu'elle ne voit point Cyrille, et celui-ci prend pour lui les gestes qu'elle fait, pour lui indiquer de rester.*) Reste là... reste là.

CYRILLE.

Je n'bouge pas.

Duo de monsieur Doche.

EMMELINE.

Pardon, pardon, mon père,
Si j'ai donné mon cœur.

CYRILLE, *enchanté.*

Ah ! pour moi quel bonheur !

EMMELINE.

Si vous êtes sévère,
Jugez de ma douleur !

CYRILLE, *désolé.*
Ah! pour moi quel malheur!
EMMELINE.
Mon amant est sincère,
Daignez donc nous unir.
CYRILLE, *enchanté.*
Ah! pour moi quel plaisir!
EMMELINE.
Pourquoi cette colère?
Quoi? je vous prie en vain!
CYRILLE, *désolé.*
Ah! pour moi quel chagrin!
EMMELINE.
Du feu qui me dévore,
Connaissez le pouvoir...
CYRILLE, *enchanté.*
Emmeline m'adore,
C'est bien facile à voir.
ENSEMBLE.

EMMELINE.	CYRILLE.
Un père que j'adore,	Emmeline m'adore,
A ses pieds va me voir.	Et veut toujours me voir.
Un charme que j'ignore	Un peu de temps encore,
Me rend un peu d'espoir.	Je comble son espoir.

(*Emmeline sort par la première coulisse à droite droite du spectateur, la seule qui n'est pas fermée par le mur. Cette coulisse est ménagée exprès pour sa rentrée à la fin du 2ᵉ acte.*

SCÈNE III.

CYRILLE, *seul et étonné.*

Il est clair qu'elle m'aime : l'hyménée va s'en suivre... Mais un instant, on dit que ça mérite réflexion.

Air: *Dans ce salon où du Poussin.*

J'ai de plus d'un homme sensé
Appris que dans le mariage
On est souvent embarrassé
Des soins, des détails du ménage,
Cela ne m'épouvante pas;
Pour être époux rien ne m'arrête,
Quels que soient tous ces embarras,
On s'en tire avec de la tête.

Ah! ben, si mon parrain l'veut, not'mariage s'ra bientôt décidé. Le v'là justement, j'allons lui...

SCÈNE IV.
CYRILLE, DOURMANN.

DOURMANN.

Je ne puis donc pas venir une fois ici sans t'y rencontrer?

CYRILLE.

Mon petit parrain, n'vous fâchez pas, j'ons de bonnes nouvelles à vous apprendre.

DOURMANN.

Ça m'étonne, car tu n'en as jamais que de mauvaises à raconter. Parle.

CYRILLE.

Je vous ai souvent parlé de mademoiselle Emmeline.

DOURMANN.

Oui, eh bien !

CYRILLE.

Eh bien, mon petit parrain, elle raffole de moi !....

DOURMANN.

Veux-tu bien t'en aller, nigaud, et ne pas m'étourdir les oreilles avec tes contes ridicules.

CYRILLE.

Ridicules !....

DOURMANN.

Mais regarde toi donc...

CYRILLE.

Je n'ai pas besoin de me regarder, elle me regarde assez. Je ne voulais pas le croire moi-même.... mais si vous aviez entendu tout ce qu'elle vient de me dire... là... là... tout à l'heure... à cette place... qu'elle était mieux depuis que j'étais ici... Elle a chanté :

Un jour plus pur à mes yeux semble luire, etc.

Puis elle m'a tutoyé; elle m'a dit: « D'où viens-tu? Qu'as-tu fait? Si j'ai pensé à toi ! Prends ce nœud... » Tenez, ce nœud de ruban, c'est elle qui me l'a donné.

DOURMANN.

Ah ! je devine. (*Il indique que c'est l'effet d'un moment d'absence.*) Pauvre enfant!

CYRILLE.
Air *de Musard.*
Par une faveur aussi chère
Je me trouve récompensé,
Et d'en orner ma boutonnière,
Bien vite j'me suis empressé ;
Ce nœud de ruban est le gage
Du nœud d'hymen cher à mes vœux.

DOURMANN.
Oui, mais pour compléter l'image,
Un instant les défait tous deux.

CYRILLE.
Mais enfin, mon parrain...

DOURMANN.
Mais enfin, veux-tu me laisser tranquille ?...

CYRILLE.
Me promettez-vous que si mamzelle Emmeline veut être ma femme, j'aurons vot'consentement?

DOURMANN.
Oh! oui... je t'en donne ma parole d'honneur...
Fie toi là-dessus et pars bien vite.

CYRILLE.
Eh bien, oui, je pars.

(*Comme Cyrille est près de sortir, Dourmann lui dit de loin.*)

DOURMANN.
A propos... Pourquoi n'es-tu pas venu me dire ce que voulait cet homme qui était tantôt à la grille du quinconce?

CYRILLE *de loin*.
Oh! ce n'est rien, c'est quelque demandeur, j'lui ons dit de passer plus loin et bien vite, ou que les garde-chasses de monseigneur...

DOURMANN *sur le devant, d'un air très-sévère.*
Pourquoi l'avez-vous renvoyé, monsieur ? Savez-vous le rôle que vous avez joué là?

Air : *Si Pauline.*
Attiré par un doux murmure,
Souvent un pauvre voyageur,
Voudrait dans une source pure,
De sa soif apaiser l'ardeur;
Soudain s'élève avec colère,

CYRILLE *de loin.*
Vous verrez que dans cette affaire
C'est moi qui serai le serpent.
DOURMANN.
Précisément.
CYRILLE *se rapprochant de quelques pas seulement.*
Tenez, mon parrain, c'est pour un bon motif; vous ne m'en voudrez pas, j'en suis sûr, quand vous saurez le fin mot; il m'a dit qu'il était des montagnes de la Suisse.
DOURMANN *vivement frappé.*
Des... *Il court après Cyrille, le prend au collet et le ramène avec violence et rapidité sur le devant de la scène.* Des montagnes de la Suisse!
CYRILLE *déconcerté et ne sachant que dire.*
Mon parrain... mon parrain, qu'avez-vous? (*A part.*) mon Dieu! le maudit pays!
DOURMANN *presque avec fureur.*
Des montagnes de la Suisse!... Son nom... son nom... L'a-t-il dit son nom?
CYRILLE *tremblant et incertain.*
Oui... non... Je ne sais plus quoi vous répondre, moi...
DOURMANN *toujours plus animé et criant plus fort.*
T'a-t-il dit son nom? malheureux! parle... parle... tu me fais mourir d'impatience.
CYRILLE *tout décontenancé.*
Ne mourez pas, mon parrain... C'est Jacques.
DOURMANN.
Ciel! Jacques Fribourg?
CYRILLE.
Ma foi, je crois qu'oui.
DOURMANN *furieux.*
Coquin!...
CYRILLE *effrayé se sauve du côté du mur, craignant quelques coups.*
Mon parrain...
DOURMANN *hors de lui-même.*
Vite, vite... appelle... rassemble tous les gens du château; les garde-chasses de monseigneur.... qu'ils partent, qu'ils aillent par tous les chemins.

Air : *Tenez, moi, je suis un bon homme.*
Dans les bois, sur la grande route,
Cours pour réparer ton erreur ;
Trouve cet homme, ou bien redoute
La colère de monseigneur.

CYRILLE.
Ici, tout près je me transporte,
Jacq'ne m'f'ra pas voir du pays...
Je dois le trouver à la porte,
S'il est encore où je l'ai mis.

SCENE V.
Les mêmes, LE COMTE.

LE COMTE *plusieurs lettres cachetées à la main.*
Eh bien, mon cher Dourmann, pourquoi cette agitation ?

Cyrille sort en courant.

SCENE VI.
LE COMTE, DOURMANN.

DOURMANN *si agité qu'il n'aperçoit pas le comte.*
Oh ! je suis d'une joie... (*allant au fond.*) d'une colère !... (*revenant.*) Quel malheur ! quel plaisir !

LE COMTE.
Mais expliquez moi donc...

DOURMANN *apercevant le comte.*
Air : *Une fille est un oiseau.*
Quoi ! monseigneur, en ces lieux,
Quel contretems ! quelle ivresse !
Il est d'une maladresse ! (*allant au fond.*)
Bientôt vous serez heureux ! (*revenant.*)
Bientôt votre bienfaisance...
Il est d'une négligence.... (*allant au fond.*)
Tout n'est pas perdu, je pense (*revenant.*)
Que vous devez espérer.
Pardonnez mon trouble extrême,
Il faut que j'aille moi-même
Tout voir et tout réparer.

(*Comme il laisse le comte étonné, et qu'il est sur le point de sortir, on voit tout à coup paraître au haut du mur Jacques Fribourg, qui a l'air de vouloir escalader la muraille.*)

SCENE VII.
Les Mêmes, JACQUES FRIBOURG.

JACQUES, *presque perché sur le haut du mur, criant.*

Ohé! y a-t-il du monde ici?

DOURMANN, *qui allait pour sortir, se retourne.*

Qu'entends-je?...

LE COMTE *surpris.*

Que vois-je?

JACQUES, *d'une voix tremblante et suppliante.*

Air: *Hermite, bon hermite.*

Messieurs, je vous implore,
Ne me refusez pas;
Dans des lieux que j'ignore,
Daignez guider mes pas.
Je cherche la demeure
D'un seigneur bienfaisant;
Pour l'indigent qui pleure
Il n'est jamais absent.
C'est le pauvre qu'on cite
Pour son seul favori.
Ses bienfaits sont sa suite.

DOURMANN.

Venez bien vite,
Mon cher, c'est ici.

LE COMTE.

Quel est cet homme?

DOURMANN, *avec la plus grande joie.*

M. le comte, je gage que c'est lui.

LE COMTE.

Qui, lui?

DOURMANN.

Jacques Fribourg.

LE COMTE *avec joie.*

Que dis-tu?

JACQUES.

C'est moi-même....... mes bons messieurs, pardonnez la manière dont je m'y prends pour entrer chez vous... Mais je voudrais parler à M. le comte de Walstein.

LE COMTE.

C'est moi. (*A part.*) Mais j'ai peine à comprendre.

JACQUES.

C'est vous, monseigneur ? J'vous d'mandons la permission d'nous jeter à vos pieds.

LE COMTE.

Dourmann, va vite le chercher.

DOURMANN, *tirant une clef de sa poche.*

Je vais lui ouvrir la petite porte qui est ici tout près. (*Il sort par une porte qui est dans la muraille du fond. Jacques, pendant ce temps, d'un seul saut, veut franchir la muraille.*)

SCÈNE VIII.
LE COMTE, JACQUES.

LE COMTE.

Et moi qui allais faire partir ces dépêches pour avoir de nouveaux renseignemens sur lui... (*Il voit Jacques prêt à sauter.*) Imprudent ! que vas-tu faire ?

JACQUES, *jette son paquet et son bâton, et dit en sautant :*

Air : *Ah ! monseigneur.*

Ah ! monseigneur, n'ayez pas peur,
De c'mur je n'crains pas la hauteur ;
J'en ai franchis de bien plus grands,
Pour éviter les accidens,
Et l'on a bien plus vit' sauté,
Quand l'bonheur est d'l'autre côté.

SCÈNE IX.

Les Mêmes, DOURMANN, *dont on ne voit que la tête au haut du mur où était Jacques.*

DOURMANN.

Eh bien, où est-il donc déjà ?

LE COMTE, *relevant Jacques, qui est à ses pieds.*

Tu le vois...

DOURMANN.

A vos pieds !

LE COMTE.

Dans mes bras ! c'est ainsi que je reçois celui qui vient rendre le repos à une famille qui m'est chère !

DOURMANN, *regardant la hauteur du mur.*

Comme il est ingambe ! Je n'en ferais plus autant, moi. (*Il se retire.*)

5

SCENE X.
LE COMTE, JACQUES.
LE COMTE.

Oui, mon pauvre Jacques ; oui, sois le bien venu, et...

JACQUES.

Oh ! mon dieu ! mon bon seigneur... j'restons tout interdit... Est-ce que vous n'vous moquez pas de moi ? un pareil accueil...

LE COMTE.

Est tout simple.

Air : d'Honorine.

En tous les temps ma loi première
Fut de consoler la douleur ;
Des malheureux je suis le père,
C'est mon titre le plus flatteur.
Ah ! bien loin que je t'abandonne,
Lorsque le sort t'amène ici,
En toi, je crois voir aujourd'hui
Un nouvel enfant qu'il me donne.

JACQUES.

Ce maudit sournois voulait pourtant me chasser....

LE COMTE.

Tu vas revoir Richard, Gertrude...

JACQUES.

Richard ! Gertrude !... Et Emmeline, monseigneur ?... Hélas ! je n'osions pas vous en parler le premier. C'est donc bien vrai qu'ils sont ici, et qu'vous les rendez si heureux, qu'ils ne doivent plus revenir dans not' vallée ?

LE COMTE.

Heureux !... tu manquais à leur bonheur.

SCENE XI.
Les Mêmes, DOURMANN.

DOURMANN, *remettant la clef dans sa poche, bas au comte.*

Monsieur le comte, je vais avertir ces bonnes gens, n'est-ce pas ?

LE COMTE.

Non, non... garde toi de prévenir Emmeline... cette épreuve serait trop forte ; mais que Richard seulement vienne avec Gertrude, et nous nous concerterons ensemble.

DOURMANN.

Je vous entends... Soyez tranquille, et reposez vous sur ma prudence. (*Il sort très vite.*)

SCÈNE XII.
LE COMTE, JACQUES.

JACQUES.

On a ben raison d'dire, monseigneur, que l'courage est toujours récompensé... Il n'y a sortes de peines et d'fatigues que je n'ayons éprouvées pour arriver jusqu'ici... j'ons fait... oh! oui, deux cents lieues pour le moins, et à pied, sans aut' compagnon que mon bâton et mon paquet sur l'épaule.

Air: Je suis du pays des Montagnes.
Dès l'matin m'mettant en campagne,
J'ons couru tout' votre Allemagne...
Faut qu'y ait vingt châteaux de Walstein !
Vers chacun d'eux je m'achemine,
 Mais Emmeline ?
 Point d'Emmeline !
 Partout je la demande en vain,
On m'riait au nez, ah ! quel chagrin !
Et pourtant ben las d'ma tournée,
Je m'disais au bout d'la journée,
P'têt que l'bonheur m'attend demain.

LE COMTE.

Et tu ne t'es pas rebuté ?

JACQUES.

Je crois bien, monseigneur, il s'agissait de la retrouver.

Air de M. Doche.
Jugez quelle fut ma douleur
Quand j'appris que ma douce amie
Pour le château d'un grand Seigneur
Avec sa mère était partie.
Il fallut faire mes adieux
A nos bois, à notre colline,
Car j'étais exilé des lieux
Où n'habitait plus Emmeline.

Pour calmer un peu le chagrin
Que m'causa cette absence affreuse,
Près d'un seigneur sensible, humain,
On m'dit qu'Emm'line s'rait heureuse.

Au charm' d'un espoir si flatteur,
Soudain mon ame s'est ouverte...
Je n'avais plus que son bonheur
Pour me consoler de sa perte.

LE COMTE.

Tu la verras bientôt ; mais ne sois point effrayé, si l'effet que lui causera ton retour...

JACQUES.

Ah ! monseigneur ! sa raison n'pourra pas être plus troublée que la mienne.

SCÈNE XIII.
Les Mêmes, RICHARD et GERTRUDE ramenés par DOURMANN.

JACQUES.
Air : *Ah! Quel moment prospère!* (Duguay-Trouin.)

L'ivresse, l'délire,
Sont dans mon cœur ;
Pourrai-je suffire
A tant de bonheur !
Mais ô ciel ! Qu'est-ce que je vois !
Gertrud', Richard avec elle.

RICHARD et GERTRUDE, *accourant dans les bras de Jacques.*

Ah ! mon dieu, la bonn' nouvelle ! } bis.
Fribourg, nous pensions à toi !

JACQUES, RICHARD, GERTRUDE.	LE COMTE, DOURMANN.
A peine je respire !	Combien leur délire,
C'n'est point une erreur,	Satisfait mon cœur !
Pourrai-je suffire,	{ Il aime à se dire :
A tant de bonheur !	{ Que j'aime à me dire :
	J'ai fait leur bonheur,

RICHARD.
C'est toi, mon cher Fribourg !

JACQUES, *l'embrassant.*
Monsieur Richard !...

GERTRUDE.
Et moi ! et moi donc... tu ne m'embrasses pas ?...

JACQUES, *courant à Gertrude.*
Madame Gertrude !

GERTRUDE.
Encore... encore... (*A Jacques.*) Est-ce toi ? est-ce bien toi, mon pauvre Fribourg ! mon cœur est si ému.... mes yeux... j'ons presque peine à te reconnaître... te v'là ? tu ne nous quitteras plus

(elle l'embrasse. Le comte a l'air de donner des ordres à Dourmann.)

JACQUES.

Mais Emmeline... Emmeline !... pourquoi ne la vois-je point ? qui la retient ?

RICHARD.

On ne lui a pas dit encore que tu étais ici.

GERTRUDE.

J'ons des raisons... j'ons des raisons... tu sauras tout ça. Excusez, monseigneur, si je ne prenons pas garde à vous. Mon cher Jacques!

Air de *l'Eté.*

Dis moi promptement,
Dis moi comment,
Es-tu parti ?
Mon bon ami,
Qui donc ici,
Pour te conduire,
A pu t'instruire ?
Quoi pour nous chercher,
Toujours marcher ?
Ah! que de pas !
N'es-tu pas las ?
De bout en bout,
Conte moi tout.

RICHARD.

A ton désir pour qu'il se prête,
Laiss' lui donc un peu de repos.

GERTRUDE.

Non sur le pays que je r'grette,
Je veux tout savoir en deux mots.
Parl'moi sans détour,
Mon cher Fribourg!
De not' jardin,
De not' moulin,
Du beau
Berceau
Dont tout l'village
Aimait l'ombrage.
Dis moi si nos champs
Sont florissans ?
Si tes troupeaux
Sont toujours beaux ?
Si nos bosquets
Sont toujours frais,

JACQUES.

Mais Emmeline, madame Gertrude, Emmeline?...

GERTRUDE.

Méchant!..... tu l'aimais et tu nous l'avais caché? Sais-tu ce que ton silence nous coûte?

LE COMTE *l'arrêtant.*

Gertrude!...

GERTRUDE.

Je vous entends, je vous entends; je ne parlerai plus... Faut stapendant qu'il sache...

RICHARD.

Puisque monseigneur te prie...

GERTRUDE.

De me taire?... C'est vrai... faut que j'm'taise.

JACQUES *avec inquiétude.*

Pourquoi ce mystère? M. Richard, veut-on me me cacher aussi quelque chose? Serait-il arrivé queuque accident à ma chère Emmeline? Sa santé?...

RICHARD.

Non, non, il y a du mieux! beaucoup! beaucoup!

GERTRUDE, *au comte.*

Ah! oui, à propos, monseigneur.. Faut que j'vous dise...depuis tantôt elle est calme, très-calme... Sa gaité semble revenir... On dirait qu'elle a deviné... Enfin, vous allez la voir, elle parle aussi bien que moi.

JACQUES.

Vous m'inquiétez.

LE COMTE.

Ne brusquons rien, et ménageons ces heureuses dispositions. La nuit approche, Emmeline va sûrement rentrer; évitons sa rencontre. Venez tous avec moi au château, et je vous prescrirai à chacun ce que vous aurez à faire.

Finale.
Air *de la chasse du jeune Henry.*
Mes chers amis point de frayeur,
Gardez vous d'un excès du zèle;
Suivez tous pour votre bonheur,
L'avis que vous dicte mon cœur.

TOUS.

Le bon seigneur, le bon seigneur!

A ses leçons qu'on soit fidelle.
Suivons bien pour notre bonheur,
Les avis qu' nous dicte son cœur.
LE COMTE.
J'espère que la nuit,
Dissipant un dernier nuage,
J'espère que la nuit,
Rendra le calme à son esprit.
Attendons demain,
Matin,
Pour le succès de notre ouvrage,
Tout me présage
Qu'enfin
Je vais fixer votre destin.

SCENE XIV.
Les Mêmes, CYRILLE accourant, suivi de deux Gardes-chasse.
CYRILLE, *à Dourmann.*
Ah ! mon parrain, mon cher parrain,
Regardez moi, je suis en nage !
J'ons couru, j'ons fait ben du ch'min,
Mais j'ons couru toujours en vain.
DOURMANN.
Tu n'as pas bien cherché.
CYRILLE.
D'mandez plutôt aux gardes-chasses,
Ensemble j'ons cherché.
Faut que le diable l'ait caché.
JACQUES, *lui donnant une tape sur l'épaule.*
C'est donc toi, qui dans l'instant
M'as fait de si belles menaces !
Fi ! qu'c'est laid d'être méchant !
CYRILLE.
Mais il revient donc comme un r'venant !
LE COMTE.
L'ombre de la nuit nous surprend.
Retirons nous; mais par prudence
Allons au château promptement.
(*Emmeline paraît.*)
LE COMTE, *arrêtant tout le monde.*
Silence!
Arrêtez un moment,
C'est elle, je l'entends.
JACQUES, *vivement.*
Je vais dans mon impatience...

LE COMTE, *l'arrêtant.*
Tes vœux sont imprudens,
Ne parle pas, je le défends...

SCENE XV.

Les Mêmes, retirés vers le côté ; EMMELINE, *reparaissant par le côté droit du spectateur, traverse le théatre, et regagne sa chaumière ; les autres personnages sont dans le fond.*

EMMELINE, *avec gaîté.*
Adieu...; l'coucher du soleil,
Me rappelle à notre chaumière...
Pauvre Jacq' dans mon sommeil,
Je te verrai comme au réveil !
(*Plus lentement et avec âme.*)
Adieu, prairie, adieu, bosquets,
Adieu, retraite solitaire.
Ah ! s'il venait ici jamais
Racontez lui tous mes regrets.
(*elle rentre dans la chaumière.*)

SCENE XVI.

Les Mêmes, excepté EMMELINE.

GERTRUDE.
Je vais suivre ses pas.

JACQUES, *au comte.*

Ensemble. { Monseigneur, c'est à moi qu'elle pense.
CYRILLE, *à Dourmann.*
Mon parrain, c'est à moi qu'elle pense.

LE COMTE.
Allez, suivez ses pas ;
Surtout ne l'abandonnez pas. (*Elle sort.*)
Jacques et toi, mon bon Richard,
Ce jour me rend à l'espérance ;
Je vais donc, grace au hazard,
Empêcher enfin ton départ.

LE COMTE, *à Richard et à Jacques.*
Venez, venez, plus de frayeur,
Sachez modérer votre zèle ;
Suivez tous, pour votre bonheur,
L'avis que vous dicte mon cœur.

RICHARD et JACQUES.
Le bon seigneur ! le bon seigneur !
A ses leçons qu'on soit fidèle,
Suivons tous pour notre bonheur,
Les avis qu'nous donne son cœur.

DOURMANN, *Idem.*
Espérez tout de monseigneur,
De sa tendresse et de son zèle ;
Il ne veut que votre bonheur,
Suivez les avis de son cœur.

CYRILLE *aux gardes-chasse.*
J'en crois un sentiment flatteur,
Emmeline ne s'ra point rebelle,
Mais il faut hâter mon bonheur,
Pour être plus sûr de son cœur.

Fin du deuxième Acte.

ACTE III.

Au lever de la toile, la décoration est la même qu'aux actes précédens, excepté que le mur latéral, étant abattu, laisse appercevoir à la droite de nouveaux sites; une cabane située sur un rocher, un petit torrent au bas du rocher et un pont rustique qui conduit à la cabane.

SCENE PREMIÈRE.
CHOEUR d'ouvriers, CYRILLE et DOURMANN.

CYRILLE *aux ouvriers, en les renvoyant.*

C'est bien, mes amis, fort bien! tantôt vous aurez pour boire.

SCENE II.
CYRILLLE, DOURMANN.

Mon parrain, vous devez être content; nous avons travaillé toute la nuit, voilà la muraille abattue, la cabane est à découvert, enfin tout ce que monseigneur a commandé est fini. (*d'un air calin.*) Mon petit parrain, vous ne m'en voudrez plus?

DOURMANN.

Non, puisque le mal est réparé.

CYRILLE.

Oh! à présent j'vas ben changer, allez... Vous serez fièrement content de moi. J'ferons des politesses à tout le monde.

DOURMANN.

Si tu étais méchant, je te détesterais; heureusement tu n'es que bête...

CYRILLE.

C'est vrai, mon parrain.

DOURMANN.

Tu as pourtant deux grands défauts dont il faut te corriger: l'envie et la curiosité.

CYRILLE.

D'l'envie? Je n'en aurai plus, et monseigneur peut faire tout l'bien qu'il voudra, j'ne l'en empêcherons pas. Pour curieux, c'est d'la prévention. Dites-moi pourquoi tout c'nouvel arrangement? Pourquoi les ordres que monseigneur a donnés de rassembler tout l'village?... On dit qu'il y aura tantôt une fête... d'la danse... des fiançailles?..

DOURMANN.

Et tu n'es pas curieux?...

CYRILLE.

Oh! non, c'est seulement pour m'instruire...

DOURMANN.

Oui, il y aura une fête, va te r'habiller, te parer de ton mieux.

CYRILLE *sautant de joie.*

Me parer! j'en serai donc, mon parrain?

DOURMANN.

Certainement que tu en seras.

CYRILLE *joyeux et à part.*

C'est sûr! c'est mon mariage avec Emmeline. (*Haut.*) N'est-ce pas, mon parrain?

DOURMANN.

Hein?

CYRILLE.

Que c'est mon mariage?

DOURMANN.

Ton?...

CYRILLE.

Air : *Ballet des Pierrots.*
Ce mystèr' suffit pour m'instruire,
Grace à la prévoyanc' que j'ai ;
Et monseigneur, sans me rien dire,
J'en suis sûr, a tout arrangé.
A c'nouveau trait je d'vais m'attendre,
D'avance je l'ai deviné,
Et quand il voudrait me surprendre,
Je n'en serais pas étonné.

DOURMANN.

Quelle pénétration tu as!

CYRILLE, *riant.*

Oh! vous voulez jouer au fin, avec moi; vous avez tout aussi; d'ailleurs j'ai touché hier queuques mots à M. le comte, j'li ons raconté la conversation que j'avions eue avec Emmeline....... Savez-vous ce qu'il m'a répondu?

DOURMANN.

Non.

CYRILLE.

Il a souri à part... et puis il m'a dit, va-t'en.

DOURMANN.

Et tu as conclu de-là ?...

CYRILLE.

Que de ce moment il a projetté mon bonheur.

DOURMANN *se moquant de lui.*

Alors je n'ai plus rien à t'apprendre, puisque tu sais tout.

CYRILLE.

C'est vrai... Adieu, mon parrain...

Air : *Ah! que je sens d'impatience.*
Je m'en vais faire ma toilette,
Et prendre un costume assorti ;
A mon chapeau la fine aigrette..
Rien n'est trop beau pour un mari.
Je m'f'rai faire un' coiffure
 A l'air de ma figure,
 J'crois qu'en oiseau royal,
 Je n's'rai pas mal?
Puis pour conduire ma future
Il m'faut un' pair' de beaux gants blancs ;
 Puis ce nœud charmant
 Dont ell' m'fit présent,
 Puis un gros bouquet
 Composé d'muguet ;
 Puis quand viendra l'soir,
 J'dirai, ben l'bonsoir.
 Bonsoir,
 Mes chers amis....

Ce n'est pas pour vous renvoyer ; mais il est tard... ils partent... ah! quel heureux moment.

D'avance (*bis*) il m'semble que j'y suis. (*Il sort.*)

SCENE III.

DOURMANN, *seul.*

Oui, chante, chante... tout va bien... malgré le bruit que l'on a été forcé de faire, tout le monde repose encore... tout le monde! excepté ce pauvre Jacques ; il y a trois bonnes heures, au moins, qu'il est éveillé, et j'ai eu bien de la peine à contenir son impatience.

Air : *Quand on ne dort pas de la nuit.*
Pour accuser le vol du temps,
Rien n'est tel qu'une âme amoureuse.....
Il m'en souvient, dans mon printemps,
Je me disais, pour les amans,
Combien l'aurore est paresseuse!
Le soir venait trop lentement,
Quand j'obtins la main d'Brigitte ;
Mais je fus son époux un an,
Et le soir (*bis*) arrivait trop vite.

(*il se retourne et apperçoit une fenêtre qui s'ouvre.*)
Mais je crois entendre du bruit chez Emmeline ! Eloignons nous. De la cabanne de Fribourg, je pourrai tout observer, et diriger tous les mouvemens. (*il va à la cabane de Fribourg.*)

SCENE IV.
EMMELINE, seule, *à la fenêtre.*
Air de *M. Doche.*
Lieux témoins de mes larmes,
D'où vient que je vous vois,
Sans regret, sans alarmes,
Pour la première fois ?
L'ombre fuit, l'air s'épure,
Enfin pour mon bonheur,
Le calme d'la nature
A passé dans mon cœur.

Pendant qu'Emmeline demeure dans une espèce de contemplation, Richard et Gertrude sortent de la chaumière, l'apperçoivent à la fenêtre, et se retirent tout à coup de peur de la distraire.

SCENE V.
EMMELINE à la fenêtre, RICHARD et GERTRUDE, *près de la chaumière, placés de manière qu'ils ne peuvent être vus d'elle.*

RICHARD.
Même Air.
Quelle douce espérance !
Un sommeil bienfaiteur,
Terminant sa souffrance,
Va finir notr' douleur.

TOUS TROIS.
L'ombre fuit, l'air s'épure, etc.

GERTRUDE.
Monseigneur nous a ordonné de l'avertir, dès qu'elle serait éveillée. Allons vite le trouver.

RICHARD.

Prends garde qu'elle ne nous apperçoive. (*Ils se glissent le long du mur pour gagner la coulisse à gauche.*

GERTRUDE, *levant la tête.*

La fenêtre est fermée, ne crains rien. (*Ils sortent; pendant ce temps Emmeline est descendue et paraît sur la scène au moment où les autres disparaissent.*)

SCENE VI.

EMMELINE, *seule, arrivant gaîment.*

La belle matinée ! Je suis d'une joie ! d'une gaîté... (*Elle se retourne du côté de la nouvelle cabane.*) Que vois-je ? (*Elle reste tout à coup muette et interdite. Après un moment de silence, elle marche à grands pas vers la cabanne, et revient, en tremblant, comme si elle n'osait s'en approcher.*) Cette cabane !... (*Revenant sur ses pas.*) Oh ! non.... non, on n'abuse pas une seconde fois mon cœur... (*Y jettant de nouveau les yeux.*) Quelle ressemblance pourtant !... voilà... quelle idée !... (*On la voit combattre l'illusion qu'elle éprouve.*) Ma vue serait-elle ?... (*Elle porte ses mains à ses yeux et dit avec force :*) Ils veulent égarer ma raison ! ah ! ne trompez plus la pauvre Emmeline..... C'est vous, vous, monseigneur, que j'accuse ! tout ceci est encore votre ouvrage... Oui, je le vois, c'est vous qui, pour me rendre cette demeure plus agréable, cherchez à m'y retracer des souvenirs !... Et pour prix de tant de générosité, je n'ai à vous offrir que des regrets... (*Ses sens s'émeuvent à mesure, et son imagination l'entraîne.*) Où porter mes pas ?... où aller, pour n'être plus à charge à personne ? Je m'en irai... seule... je fuirai... (*Elle apperçoit la chaumière de Richard.*) Que dis-je ? (*Avec l'expression de la plus vive tendresse.*) O mon père !... non... non... Emmeline ne t'abandonnera jamais. Cette idée... rappelle le calme dans mes sens. (*Elle se trouve appuyée contre un arbre à côté de ses fleurs; elle y porte la vue.*) Me voilà près de mes fleurs... leur parfum... ô ciel !... une rose qui languit sur sa tige !...(elle prend la caisse où est le rosier et l'apporte sur le devant de la scène.) C'est ma faute... oui, c'est ma faute... (Elle va chercher un petit arrosoir, puise de l'eau dans un bassin où tombe le torrent et revient arroser le rosier.) J'oublie jusqu'aux soins qui faisaient autrefois mes plus doux amusemens... (Elle met un genou en terre ; elle arrange le rosier et cherche à le soutenir.) Réparons ma négligence... (Au moment où elle reprend l'arrosoir, une flûte placée dans la cabane de Fribourg fait entendre la première partie de l'air : Pauvre Jacques ! On voit un saisissement, subit, s'emparer de tous les sens d'Emmeline ; elle remet l'arrosoir a terre, et sans se relever, elle prête toute son attention du côté d'où partent les sons. Toute cette scène est un jeu continuel de pantomime, qui exprime alternativement tous les sentimens, le trouble, l'espérance, la joie, la tristesse. La flûte cesse, Emmeline croit s'être trompée et veut détruire son illusion ; mais à peine reporte-t-elle la main à l'arrosoir, que la flûte reprend, et joue le mineur de l'air ; alors Emmeline se lève en sursaut, court vers le côté de la cabanne, s'arrête en extase. Après le mineur, un moment de silence ; son émotion augmente, une main placée sur son cœur, l'autre sur son front, la tête baissée ; dans cet état elle revient sur le devant de la scène, et s'assied sur un tertre de gazon, comme si les forces lui manquaient ; elle est assise le dos tourné, opposément à la cabane de Fribourg ; mais à peine la flûte a cessé de jouer, que comme regrettant de ne plus l'entendre, elle se retourne, jette les yeux sur la cabane et chante avec toute l'expression de l'amour, le même air qu'elle a entendu tant de fois dans la vallée suisse.)

Air : *Pauvre Jacques.*

» Pauvre Jacques ! Quand j'étais près de toi,
   » Je ne sentais pas ma misère ;
  » Mais à présent que tu vis loin de moi,
    » Je manque de tout sur la terre !

JACQUES, *chantant le mineur.*
» Quand tu venais partager mes travaux,
EMMELINE *se levant.*

Qu'entends-je ?

JACQUES.
» Je trouvais ma tâche légère.
EMMELINE *hors d'elle-même.*

Cette voix.....

JACQUES.
» T'en souvient-il ? tous mes jours étaient beaux !
EMMELINE.

Grand dieu !

JACQUES.
» Qui me rendra ce temps prospère ?
EMMELINE.

Non... ce n'est point un songe... c'est lui !... c'est sa voix qui répond à la mienne.

EMMELINE et JACQUES.
Ensemble.

Pauvre Jacques
Emmeline   quand j'étais loin de toi,
  Combien je sentais ma misère ;
  Mais à présent te voilà près de moi,
  Je n'manque de rien sur la terre.

(*Un moment de silence pendant lequel Emmeline écoute de toute son attention.*)

EMMELINE.

Il se tait !... qui l'arrête ?.. pourquoi ne vient-il pas ? Ah ! si c'était lui, n'aurait-il pas déjà pressé son Emmeline contre son cœur !... Non... c'est un rêve ! Mes sens égarés...

SCENE VII.

EMMELINE, JACQUES, *sortant de sa cabane, descend d'abord rapidement, puis s'arrête à quelque distance d'Emmeline.*

JACQUES, *d'une voix tremblante.*

Emmeline !

EMMELINE.

Il m'appelle ! (*elle se retourne et l'apperçoit.*) Que vois-je ? (*Emmeline et Jacques, se jettent dans les bras l'un de l'autre, et chantent le duo qui suit, avec explosion, âme et sentiment.*

EMMELINE.

Jacques !

JACQUES.

Emmeline !

DUO.

Air : *Ah que d'amour ce minois*

ENSEMBLE.

Ah quel transport ce doux moment m'inspire !
Est-ce un songe ? est-ce un délire ?
Je te revoi !
Est-ce un songe ? Est-ce un délire ?
Non, c'est bien toi !
Je respire.

EMMELINE.

Il a bravé pour moi
Les peines d'un long voyage.

JACQUES.

Je ne pensais qu'à toi,
Tu soutenais mon courage.

EMMELINE.	JACQUES.
Il ne pensait qu'à moi,	Je ne pensais qu'à toi,
Je soutenais son courage.	Tu soutenais mon courage.
Est-ce un songe ? est-ce un délire ?	Est-ce un songe ? est-ce un délire ?
Je te revoi,	Je te revoi,
Je respire !	Je respire !

SCENE VIII.

Les mêmes, CYRILLE *paraissant tout à coup dans ses nouveaux atours. Il tient à la main une couronne de fleur d'orange; il entre brusquement au moment où Jacques baise la main d'Emmeline.*

CYRILLE.

Fort bien !

EMMELINE, *surprise et contrariée, à part.*

O ciel !... toujours sur mes pas ! (*à Fribourg.*)
Éloigne toi... prends garde ! ne dis pas notre secret !
(*En parlant ainsi elle s'éloigne de Jacques, et rentre précipitamment dans sa chaumière, Jacques veut la suivre; mais Cyrille l'arrête.*

SCENE IX.

CYRILLE, *d'un côté*, et JACQUES *de l'autre.*
(*Tous deux la bouche béante, les bras tendus, et un instant muets d'étonnement.*

CYRILLE.

C'n'est pas perdre de temps. Comment, morgué! vous n'êtes que d'hier ici, et v'là qu'vous fait' déjà des agaceries à ma future?

JACQUES.

Que dis-tu?

CYRILLE *prononçant bien distinctement.*

Oui... à... ma... future. Entendez-vous bien à présent, monsieur le montagnard suisse?

JACQUES.

En effet, il est naturel qu'Emmeline...

CYRILLE.

Voyez-vous c'te couronne? c'est moi qui l'ai faite pour la mariée; voyez-vous c'te jolie petite habitation, c'est... pour la mariée, quand elle sera mariée. Voyez-vous ce nœud de ruban? je le tiens de la mariée.

JACQUES.

(*Il lui arrache le ruban.*) Oui; eh bien, tu ne le porteras pas.

CYRILLE *tout interdit.*

Ah çà; mais par exemple...

JACQUES, *lui serrant la main.*

Eloigne toi, car je ne veux pas souffrir...

CYRILLE, *criant.*

Ni moi, non plus, je ne veux pas souffrir.

SCENE X.

Les Mêmes, DOURMANN, *entrant.*

DOURMANN.

Eh bien, Jacques, pourquoi donc cette colère?

JACQUES.

C'est cet imbécille qui me fait des contes...

CYRILLE.

Mon parrain, c'est lui qui...

7

DOURMANN, *en colère.*

Taisez vous.

CYRILLE.

Ecoutez moi.

DOURMANN.

Je n'écoute rien.

CYRILLE.

Permettez...

DOURMANN.

Je ne permets pas.

CYRILLE.

Que je vous dise...

DOURMANN.

Rien.

CYRILLE.

Allons, je serai donc?...

DOURMANN.

Chassé, c'est moi qui te le promets ; tu n'es qu'un brouillon, un menteur, un indiscret, et je ne protège plus un filleul, qui me fait rougir. (*à Fribourg*) Ah ! mon ami, vous allez voir M. le comte, ne craignez rien.

CYRILLE, *à part.*

Quelle tête il a donc mon parain ! le dernier venu a toujours raison avec lui... Ah ! bon... voici monseigneur, avec tout l'village. (*à part, menaçant Fribourg.*) Sois tranquille, va, après mon mariage tu décamperas.

SCENE XI.

Les mêmes, LE COMTE, GERTRUDE, RICHARD, LE BAILLI, Villageois, Villageoises, Ménestriers, Gardes-Chasses et Domestiques du comte.

CHOEUR.

Air de l'introduction des deux Petits Savoyards.
Qu'on est joyeux et satisfait,
Près d'un seigneur qu'on aime,
Qui n'est heureux lui même,
Que par tous les heureux qu'il fait.

(De jeunes filles attachent des guirlandes de fleurs à la porte de la chaumière d'Emmeline.)

CYRILLE.

Que rien ne nous arrête.
Dépêchons,
Attachons
Ces festons ;
En ce jour
Que tout s'apprête,
Car c'est la fête de l'amour.

SCÈNE XII, et dernière.

Les Mêmes, EMMELINE, *ouvrant la porte de la chaumière, surprise de la joie qu'elle entend. Tout le monde se retourne vers elle.)*

GERTRUDE.

C'te fête est pour toi, ma fille....
Courons vîte la chercher.
(elle court vers mmmeline.)

LE COMTE.

A sa pein' faut l'arracher.

RICHARD, *ramenant Emmeline par la main.*

Qu'la gaîté dans tes yeux brille.

(Emmeline est conduite vers le comte, tous les villageois l'entourent et reprennent le chœur.)

Qu'on est joyeux et satisfait, etc.
Près d'un seigneur qu'on aime ;
Qui n'est heureux lui-même,
Que par tous les heureux qu'il fait.

LE COMTE, *au bailli.*

Bailli, vous avez le contrat.

CYRILLE et FRIBOURG, *à part, chacun d'un côté de la scène.*

Je sens mon cœur qui bat.

LE COMTE, *prend le contrat des mains du bailli, et le donne à Richard.*

Voulant fixer en ce séjour,
Celui qui m'a sauvé le jour...

(Il prend la main de Richard, en signe de reconnaissance.)

Par amitié pour sa famille,
Je veux moi même unir sa fille...

(Il prend la main d'Emmeline, et par ce moyen il se trouve placé entre elle et son père. Tout

le monde est dans l'attitude qui peint une grande attention. *Allant chercher Fribourg.*

A son amant fidèle,
Qu'elle a tant regretté.

CYRILLE, *désespéré.*

C'est une injustice cruelle!

TOUS.

Que de bonté! que de bonté!

EMMELINE.

Enfin, c'est donc la vérité.

JACQUES.

Sans que tu parles, je devine
Tout ce que pense mon Emm'line.

ENSEMBLE.

Pour notre cœur,
C'est trop d'bonheur!

CHŒUR *dansant, et par malice faisant danser Cyrille malgré lui.*

Qu'on est joyeux et satisfait, etc.
Près d'un seigneur qu'on aime,
Qui n'est heureux lui même,
Que pour tous les heureux qu'il fait.

FRIBOURG.

Emmeline, reconnais-tu à présent le pauvre Jacques?

EMMELINE.

Tu vois bien que je suis heureuse.

LE COMTE.

Richard, ce n'est qu'à présent que je crois avoir acquitté ma dette.

CYRILLE, *revenant tout contrit, auprès du comte.*

Monseigneur, c'était donc pour vous moquer de moi, que vous m'aviez dit, hier, va-t-en?

(*Le comte sourit et lui tourne le dos.*)

DOURMANN.

Et moi, je te le répète aujourd'hui

GERTRUDE.

Ma fille, c'est ton silence qui nous a tenus si long-temps en allarmes; dans queuque circonstance que tu sois, fais comme ta mère, parle mon enfant, et tu t'en trouveras bien.

VAUDEVILLE.

Air tiré de l'Ouverture de la Jeune Mère.

JACQUES.

En vain le cours de nos jours,
Selon les tems change et varie.
Dans la vie
Tout s'oublie,
Excepté les premiers amours.

} *Bis en Chœur.*

LE COMTE.

Moi, je me souvien
Que faire du bien
Fut ma première envie.
Grace à mes désirs,
Tous mes souvenirs
Deviennent des plaisirs.

CHOEUR.

'n vain le cours, etc.

RICHARD, *à Gertrude.*

Je m'souviens du jour,
Cher à mon amour,
Où tu me fus unie.

GERTRUDE.

Au gré de nos vœux,
En soixante-deux,
Que nous fûmes heureux !

CHOEUR.

En vain le cours, etc.

JACQUES, *à Emmeline.*

Pour calmer tes sens,
Les fleurs de nos champs,
Ta romance chérie,
Tout fut employé;
Et ton amitié
N'avait rien oublié.

JACQUES et EMMELINE, *ensemble, doux et piano.*

En vain le cours de nos jours, etc.

DOURMANN, *à Cyrille.*

Ton premier amour
Te donne en ce jour
Des leçons pour la vie.

CYRILLE.

Tant que je vivrai,
Soyez assuré
Que je m'en souviendrai.

CHOEUR.

En vain le cours, etc.

EMMELINE, *au Public.*

Pauvre Jacques et moi,
Sous la même loi
Voulons passer la vie ;
Quoiqu'il soit sans bien,
Je sais un moyen
Pour qu'il n'manque de rien.

Ah ! protégez nos destins,
Songez que not'cause est commune ;
Un mot fera sa fortune,
Et ma dot est entre vos mains.

CHOEUR.

Ah ! protégez leurs destins, etc.

De l'Imprimerie de F. BRETON, Place Maubert,
n°. 17, derrière le corps-de-garde.

Contraste insuffisant

NF Z 43-120-14

le monde est dans l'attitude qui peint une grande attention. Allant chercher Fribourg.

> A son amant fidèle,
> Qu'elle a tant regretté.

CYRILLE, *désespéré.*

C'est une injustice cruelle!

TOUS.

Que de bonté! que de bonté!

EMMELINE.

Enfin, c'est donc la vérité.

JACQUES.

> Sans que tu parles, je devine
> Tout ce que pense mon Emm'line.

ENSEMBLE.

> Pour notre cœur,
> C'est trop d'bonheur!

CHOEUR *dansant, et par malice faisant danser Cyrille malgré lui.*

> Qu'on est joyeux et satisfait, etc.
> Près d'un seigneur qu'on aime,
> Qui n'est heureux lui même,
> Que pour tous les heureux qu'il fait.

FRIBOURG.

Emmeline, reconnais-tu à présent le pauvre Jacques?

EMMELINE.

Tu vois bien que je suis heureuse.

LE COMTE.

Richard, ce n'est qu'à présent que je crois avoir acquitté ma dette.

CYRILLE, *revenant tout contrit, auprès du comte.*

Monseigneur, c'était donc pour vous moquer de moi, que vous m'aviez dit, hier, va-t-en?

(*Le comte sourit et lui tourne le dos.*)

DOURMANN.

Et moi, je te le répète aujourd'hui

GERTRUDE.

Ma fille, c'est ton silence qui nous a tenus si long-temps en allarmes; dans queuque circonstance que tu sois, fais comme ta mère, parle mon enfant, et tu t'en trouveras bien.

VAUDEVILLE.

Air *tiré de l'Ouverture de la Jeune Mère.*

JACQUES.

En vain le cours de nos jours,
Selon les tems change et varie.
Dans la vie
Tout s'oublie,
Excepté les premiers amours.

} *Bis en Chœur.*

LE COMTE.

Moi, je me souvien
Que faire du bien
Fut ma première envie.
Grace à mes désirs,
Tous mes souvenirs
Deviennent des plaisirs.

CHOEUR.

'n vain le cours, etc.

RICHARD, *à Gertrude.*

Je m'souviens du jour,
Cher à mon amour,
Où tu me fus unie.

GERTRUDE.

Au gré de nos vœux,
En soixante-deux,
Que nous fûmes heureux !

CHOEUR.

En vain le cours, etc.

JACQUES, *à Emmeline.*

Pour calmer tes sens,
Les fleurs de nos champs,
Ta romance chérie,
Tout fut employé;
Et ton amitié
N'avait rien oublié.

JACQUES et EMMELINE, *ensemble, doux et piano.*

En vain le cours de nos jours, etc.

DOURMANN, *à Cyrille.*

Ton premier amour
Te donne en ce jour
Des leçons pour la vie.

CYRILLE.

Tant que je vivrai,
Soyez assuré
Que je m'en souviendrai.

CHOEUR.

En vain le cours, etc.

EMMELINE, *au Public.*

Pauvre Jacques et moi,
Sous la même loi
Voulons passer la vie ;
Quoiqu'il soit sans bien,
Je sais un moyen
Pour qu'il n'manque de rien.

Ah ! protégez nos destins,
Songez que not'cause est commune ;
Un mot fera sa fortune,
Et ma dot est entre vos mains.

CHOEUR.

Ah ! protégez leurs destins, etc.

De l'Imprimerie de F. BRETON, Place Maubert,
n°. 17, derrière le corps-de-garde.

Contraste insuffisant

NF Z 43-120-14

www.ingramcontent.com/pod-product-compliance
Lightning Source LLC
LaVergne TN
LVHW022146080426
835511LV00008B/1291